LA NORMANDIE

ET LA

COLONISATION

PAR

M. Georges MONFLIER

Président de la Société normande de Géographie

ROUEN

IMPRIMERIE E. CAGNIARD (Léon GY, Succr)

Rues Jeanne-Darc, 88, et des Basnage, 5

1902

LA NORMANDIE ET LA COLONISATION

LA NORMANDIE

ET LA

COLONISATION

PAR

M. Georges MONFLIER

Président de la Société normande de Géographie

ROUEN

IMPRIMERIE E. CAGNIARD (Léon GY, Succr)

Rues Jeanne-Darc, 88, et des Basnage, 5

—

1902

LA NORMANDIE ET LA COLONISATION

Par M. Georges MONFLIER
Président de la Société normande de Géographie

O n s'accorde généralement pour reconnaitre que la Normandie, cette belle et verte province que la nature a favorisée sous le rapport de la richesse du sol, a joué un grand rôle, dans le passé, au point de vue tant des découvertes que de la colonisation. Ne serait-on pas d'accord, d'ailleurs, que des noms fameux viendraient d'eux-mêmes à la mémoire pour rappeler le rôle des grands navigateurs normands.

Mais on semble douter que le Normand, autrefois marin, brave et aventureux, ait laissé des descendants de sa race, et l'on dit généralement aujourd'hui que la Normandie s'est endormie, que les provinces qui fournissent le plus de colons à notre vaste domaine colonial et qui entretiennent les relations industrielles et commerciales les plus suivies avec nos colonies, sont plutôt les provinces du Centre et du Midi de la France. Ceci est

incontestable, des statistiques et des études sérieuses,
faites pour établir ces faits, les ont prouvés, mais........
jusqu'à un certain point.

Sans chercher (ce qui ne nous appartient pas) quelles
sont les raisons qui ont ainsi changé le caractère des
habitants de la Normandie, région aujourd'hui essentiellement industrielle (on entrevoit les ravages de l'alcool),
on doit cependant se mettre en garde contre cette idée
que les Normands actuels se désintéressent de la colonisation.

Bien au contraire, dans cette fin de siècle où les ques-
tions coloniales ont occupé l'attention si soutenue, tant
des pouvoirs publics que des entreprises particulières, et
sont devenues de ce fait, pour ainsi dire, à la mode, la
région normande s'est réveillée de la torpeur dans
laquelle elle était plongée depuis longtemps, et le Normand semble vouloir reconquérir son ancienne renom-
mée.

La ville de Rouen, en particulier, la vieille capitale
normande si heureusement située, paraît vouloir donner
l'élan. En communication, d'un côté avec Paris, de
l'autre avec la mer, par cette belle vallée de la Seine
qu'aucun voyageur ne parcourt sans être frappé d'admi-
ration, d'émotion même, elle possède un port bien amé-
nagé sur le fleuve qui ouvre l'accès des pays les plus
riches du monde : « la vieille Angleterre et la jeune
Amérique ».

Cette situation ne devait-elle pas faire jouer un rôle
important à la vieille Normandie, dans l'histoire de la
colonisation ?

Nous avons pensé qu'avant d'étudier la résurrection coloniale normande, il n'était peut-être pas inutile de jeter un coup d'œil rapide en arrière sur le passé.

* * *

Par sa situation géographique, la Normandie, baignée dans sa partie septentrionale par la Manche, en face de l'Angleterre, était désignée pour lutter avec sa voisine d'Outre-Manche, dont la population essentiellement maritime devait fatalement chercher à conquérir l'empire des mers.

La population, tant de fois visitée par des incursions d'Anglo-Saxons et de Northmans, était destinée aux entreprises guerrières et maritimes. Son passé est classique à cet égard.

La Seine, ce beau fleuve aux replis tortueux, large et profond, dont les eaux semblent à regret s'en aller à la mer, permet aux navigateurs de pénétrer jusqu'au cœur de la Normandie et de sa vieille capitale.

Les nombreux ports, abrités par des falaises escarpées, devaient favoriser encore le goût des aventures maritimes à sa population. Parmi ceux qui devaient jouer un rôle important dans son histoire, il faut citer en première ligne Dieppe.

Dieppe a, en effet, une origine très ancienne. Sa naissance est due certainement aux fréquentes communications qui s'établirent entre la Normandie et l'Angleterre, après la conquête. Les vieux chroniqueurs font remonter son origine à la fin du xiie siècle, c'est-à-dire en 1195 ;

d'autres même à 1114, près d'un siècle avant la victoire de Philippe-Auguste sur les Northmans. Car, entre toutes les donations que Guillaume de Tancarville fait, en 1114, à l'abbaye de Saint-Georges, fondée par son père, on lit :

« *De plus je donne et confirme..... la dîme de tout ce qui m'appartient dans Dieppe et dans Epinay* ».

Quoiqu'il en soit c'est bien de ce port que partit le mouvement de découverte colonial ancien.

C'est surtout à la fin du xve siècle et pendant la durée du xvie siècle que se développèrent les progrès de la navigation.

Les découvertes géographiques allaient également produire dans le monde entier une révolution économique de la plus haute importance.

« Trois motifs, dit Michelet, ont surtout déterminé les Européens à chercher de nouvelles terres et à s'y établir : 1º *l'esprit guerrier et aventureux*, le désir d'acquérir par la conquête et le pillage; 2º *l'esprit de commerce*, le désir d'acquérir par la voie légitime des échanges; 3º *l'esprit religieux*, le désir de conquérir les nations idolâtres à la foi chrétienne ou de se dérober aux troubles de religion ». Ces trois facteurs se sont rencontrés chez les Normands.

Dès 1364, le jour de Noël, dit Villault de Bellefond, 2 navires dieppois de 100 tonneaux chacun (partis à la conquête de colonies) jetaient l'ancre au Cap-Vert, dans la baie de *Rio-Fresca* ou baie de *France*. Sachant ce qu'il fallut de temps et d'efforts aux Portugais pour doubler les caps Noun et Bojador, on n'admettra pas

sans peine que les Normands aient pu faire d'une
première fois, le voyage de Dieppe au cap Vert. Ils ont
donc, selon toute apparence, caboté sur les côtes d'Afrique
après 1339. De Rio-Fresca ils cinglèrent au sud-est, vers
Boulombel ou cap Moulé, dont les habitants croyaient
tous les hommes noirs, et s'arrêtèrent à l'embouchure
du Rio-Sexto où se trouvait un village qu'ils nom-
mèrent Petit-Dieppe, à cause de son hâvre et de sa
situation entre deux coteaux. Ils revinrent en Normandie en 1365, au mois de mai, après six mois de route,
avec une riche cargaison de morphi (ivoire), de cuir,
d'ambre gris et de malaguette ou poivre. Les chroniqueurs dieppois assurent que l'énorme quantité d'ivoire,
apportée en 1365, porta les artistes du pays à travailler
cette matière et q 'ils sont devenus, à cette époque, les
plus habiles ivoiriers du monde.

Pourquoi les Dieppois n'ont-ils pas conservé cette
industrie ?... Ces détails de Villault de Bellefond nous
prouvent combien elle fut prospère; pourquoi n'en serait-
il pas encore de même aujourd'hui que notre domaine
colonial, si vaste, pourrait en fournir la matière? D'ailleurs ne savons-nous pas que cette industrie, cet art des
ivoiriers pour parler plus proprement, a eu une renais-
sance importante en Belgique, à la suite de l'établissement
des Belges au Congo?

Au mois de septembre suivant, continue Villault de
Bellefond, les marchands de Dieppe s'associèrent à ceux
de Rouen et envoyèrent 4 navires pour trafiquer du Cap-
Vert au Petit-Dieppe, et continuer la découverte de la
côte. L'un des navires donna au Grand-Sestre le nom

de Petit-Paris. Un autre passa la Côte-d'Ivoire et vint à celle de l'Or. Il y recueillit un peu d'or et beaucoup d'ivoire. Les tribus habitant ces parages étaient méchantes et l'on dut limiter provisoirement les excursions au Petit-Dieppe et au Petit-Paris.

Au mois de septembre 1380, un navire de 150 tonneaux nommé *Notre-Dame-de-Bon-Voyage*, partit de Rouen à destination de la Côte-d'Or, où il arriva au mois de décembre. Ce navire revint au bout de neuf mois, après un bon accueil des naturels, il avait une grande quantité d'or et cette cargaison, dit Bellefond, commença la fortune de Rouen.

Le 28 septembre de l'année suivante, Dieppe fit partir 3 vaisseaux : *La Vierge, Le Saint-Nicolas* et *L'Espérance*. Le premier prit son chargement à la Mine, le second à Cap-Corse et à Moulé, le troisième à Fantin, Sabou, Cormentin et Akara. Le voyage dura dix mois.

En 1383, les Dieppois envoyèrent encore trois navires chargés de matériaux nécessaires pour construire, à la Mine, une loge de 10 ou 12 hommes. Ils revinrent richement chargés après une absence de 10 mois. La petite colonie qu'ils fondèrent prit rapidement de l'importance; en 1387 elle bâtit une église qui existait encore du temps de Bellefond.

Le commerce de la Guinée fut ruiné par la guerre civile qui survint en 1410[1].

---

[1] Villault de Bellefond. — « *Remarques sur les costes d'Afrique, appelées Guinée, suivies de Remarques sur les costes d'Afrique et notamment sur la Coste-d'Or, pour justifier que les Français y*

Ce qu'il faut retenir de ces détails historiques, c'est que, c'est à cette époque que prit naissance le commerce de l'or sur notre côte occidentale d'Afrique, et surtout celui des denrées et plus encore celui de l'ivoire qui fut pour Dieppe une source de grande prospérité.

En 1402, c'est un autre Normand, le cauchois Jean de Béthencourt[1], de Grainville-la-Teinturière, qui occupe les Canaries et double le cap Bojador, ouvrant ainsi la route du cap de Bonne-Espérance et des Indes.

Puis au xvie siècle, les Parmentier, de Dieppe, les Augustin Beaulieu et François Cauche, de Rouen, font route vers Madagascar et les Indes.

En effet, le 28 mars 1529, Jean Parmentier, parti de Dieppe, longe la côte occidentale d'Afrique jusqu'au cap de Bonne-Espérance, où il se trouvait le 23 juin, et le 24 juillet suivant il aperçoit « l'isle Saint-Laurent » dite « Madagascar », à une distance de 4 à 5 lieues. — L'île est sauvage, et les matelots qu'il envoie pour tenter le trafic avec les naturels sont tués par ces derniers. Parmentier abandonne alors momentanément ses projets sur la grande île, et remonte dans la direction ouest-nord-ouest dans le canal de Mozambique, passe aux îles Comores et se dirige

ont esté long-temps auparavant les autres nations. Paris, Denys Thierry, rue Saint-Jacques, à l'enseigne de la Ville-de-Paris, 1669 ».

[1] Voir Le Canarien, livre de la conquête et conversion des Canaries, 1402-1422, par Jean de Béthencourt, gentilhomme cauchois, publié d'après le manuscrit original, avec introduction et notes par Gabriel Gravier. Rouen, chez Métérie, rue Jeanne-Darc, 11, 1874. — Nous remercions ici M. Gravier de sa savante communication.

vers Sumatra, but de son voyage, ayant soin toutefois d'éviter les endroits occupés par les Portugais. Malheureusement la maladie s'est emparée de ses équipages qui sont vivement décimés. Lui-même succombe le 3 décembre devant Ticou, dans le royaume de Pedir. Cependant, le 22 janvier 1530, les deux navires composant son expédition, *La Pensée*, de 200 tonneaux, et *Le Sacre*, de 120, ayant perdu leurs capitaines, mettent à la voile pour revenir à Dieppe assez richement chargés.

Augustin Beaulieu, né à Rouen en 1589, commence sa vie de navigateur à l'âge de vingt-trois ans. En 1612, en effet, il commande un navire que Guillaume de Briqueville, chevalier normand, conduisit à la rivière de Gambie.

En 1616, la Compagnie des Indes orientales, composée de Parisiens et de Rouennais, adjoint Beaulieu au sieur de Netz, capitaine dans la marine royale, pour un voyage à Java.

En 1619, la Compagnie le nomme général de sa flotte et l'envoie, avec 3 navires, aux côtes de Java, de Sumatra et de Malacca. Il part de Honfleur le 2 octobre 1619. Il a l'ordre d'aller à Bantam, alors capitale de Java, et grand marché de poivre, mais il trouve l'île occupée par les Hollandais et juge prudent de se retirer. Il envoie alors un de ses navires à la baie de Saint-Augustin, sur la côte occidentale de Madagascar.

Enfin, François Cauche, un autre Rouennais, qui lui, voyage surtout en négociant et en observateur, passe de longs mois dans cette île, dans laquelle il cherche surtout « à faire aimer son pays ».

Mais à cette époque, la route des Indes tente peu en

général les Français, et c'est surtout l'Amérique qui les attire.

Dès 1506, un navire monté par Thomas Aubert et appartenant aux Ango, de Dieppe, vint fonder un premier établissement à Terre-Neuve.

En 1524 encore, un Florentin au service de la France, Jean de Verrazano (dont la présence à Rouen est relatée dans les archives), partit de Dieppe, relâcha à Madère et se dirigea vers l'Amérique où il reconnut l'embouchure du Saint-Laurent.

En 1534, dix ans plus tard Jacques Cartier remontait ce fleuve et pénétrait le premier dans le Canada qui devenait terre véritablement française.

Les guerres de religion qui éclatèrent en France, à cette époque, entre catholiques et protestants amenèrent des émigrations vers ces terres nouvelles.

C'est ainsi qu'en 1562, Coligny dirigea vers la Floride le capitaine Jehan Ribault, de Dieppe, qui dans une première expédition y bâtit le fort Charles, mais fut fait prisonnier dans une deuxième et mis à mort par les Espagnols.

Enfin, sous Henri IV, Samuel Champlain qui avait réuni, à Dieppe, à Honfleur et à Rouen, des flottes, fit au Canada trois expéditions importantes et associa ainsi la Normandie à sa fondation. Car, après un premier voyage d'exploration (1603), il fonda Port-Royal d'Acadie (1604) et Québec en 1608, qui devint la métropole de la Nouvelle-France.

Un fort s'éleva bientôt sur l'emplacement où devait plus tard prospérer Montréal. « La chasse des pelleteries, dit

» M. Marcel Dubois, occupa sans doute beaucoup les
» premiers colons ; mais dignes disciples d'Olivier de
» Serres, ils ne négligèrent pas les défrichements ; le blé
» et la vigne firent leur apparition au Canada et sur le
» littoral atlantique, qui compte aujourd'hui la plus belle
» agglomération de grandes villes des États-Unis et leur
» capitale ». Parmi les premières familles de véritables
colons, on cite : la veuve Hébert, sa fille et son gendre
Couillard avec leurs enfants. Ils furent les premiers à
défricher un champ et à semer le blé au Canada.

Nous voici ainsi arrivés à grand pas au règne de Louis
XV, qui vit la période brillante des colonies françaises,
grâce à l'habileté de Colbert, fervent disciple de Richelieu,
en matière coloniale. Ce fut lui qui organisa l'exploi-
tation commerciale de nos colonies en créant les grandes
Compagnies.

La Nouvelle-France fut déclarée territoire royal.

A cette époque, un Rouennais, Cavelier de la Salle (né
vers 1643, sur l'ancienne paroisse Saint-Herbland, proba-
blement rue de la Grosse-Horloge), découvrait les embou-
chures du Mississipi qu'on croyait, jusqu'alors être un
tributaire de l'océan Pacifique, et la Louisiane s'ajoutait
aux domaines de la couronne en Amérique septentrionale.
Parmi les capitaines de Cavelier de la Salle, il nous faut
citer, pour que notre notice historique normande soit
complète, Henri Joutel, né au Val-d'Eauplet, près Rouen,
vers 1640.

Nous voici arrivés alors au seuil du xviiie siècle.
L'histoire nous apprend que c'est à peu près à cette
époque que la puissance coloniale française atteignit son

apogée. On sait cependant encore, par elle, que l'élan donné par Colbert ne s'arrêta pas pendant la première partie du règne de Louis XV, jusqu'à la guerre de Sept-Ans.

Nos colonies d'Amérique, la Louisiane et le Canada s'étaient rapidement peuplées, et on y comptait plus de 50 000 colons français au milieu du xviiie siècle, notre commerce y était prospère. Mais les guerres européennes entre la Prusse et l'Autriche, à propos de la Silésie, nous entraînèrent dans la mêlée. Pendant ce temps on laissait succomber Montcalm (1759), et en 1763, par le traité de Paris, nous cédions le Canada à l'Angleterre

Après l'abandon de la Nouvelle-France, ce fut celui de l'Indoustan (1763).

Toutes ces pertes ne furent compensées que par l'occupation de l'Ile-Maurice ou Ile-de-France, occupée en 1721, après l'évacuation hollandaise.

Tel est esquissé à gros traits, au milieu de notre histoire nationale, le rôle particulier de la Normandie, dans l'histoire de la colonisation générale de la France jusqu'au xixe siècle.

www.ingramcontent.com/pod-product-compliance
Lightning Source LLC
Chambersburg PA
CBHW061814040426

42447CB00011B/2651